# NOTICE

SUR

# Eugène BOULY DE LESDAIN

(ornée de son portrait)



PAR

M. le Chanoine L. PIHAN

*Secrétaire de l'Évêché de Beauvais*

*Membre de plusieurs Sociétés savantes*

BEAUVAIS

TYPOGRAPHIE D. PERE, RUE SAINT-JEAN

EUGÈNE BOULY  DE LESDAIN.

Né à Cambrai — Décédé à Beauvais.

Le 17 Janvier 1804. — Le 5 Décembre 1884.

# NOTICE

SUR

# EUGÈNE BOULY DE LESDAIN

*(ornée de son portrait)*

PAR

M. LE CHANOINE L. PIHAN

*Secrétaire de l'Evêché de Beauvais*

*Membre de plusieurs Sociétés savantes*

BEAUVAIS

TYPOGRAPHIE D. PERE, RUE SAINT-JEAN

## A MM. LES MEMBRES DE LA SOCIÉTÉ ACADÉMIQUE DE L'OISE.

MESSIEURS ET HONORÉS COLLÈGUES,

J'entreprends de rassembler dans un « *Essai biographique et historique sur Eugène Bouly de Lesdain et ses ouvrages* » des documents qui m'ont paru une riche moisson à inventorier. En effet, cet infatigable auteur nous a laissé environ vingt volumes in-8°! C'est à lui que s'appliquent, en vérité, ces deux méchants vers, où la justesse de l'idée l'emporte évidemment sur la poésie :

Il fit tant de travaux, grâce à son naturel,
Qu'on peut bien l'appeler un homme universel !

Si je n'y avais été poussé par des sollicitations réitérées venues de Cambrai, et vous allez savoir pourquoi, je n'aurais point tenté d'esquisser la belle figure de M. Bouly de Lesdain, de fixer les points saillants de son existence dans les bornes d'une courte Notice, de tracer un portrait, pour ainsi dire voilé, depuis un an, des ombres de la mort.

Mais sa ville natale, Cambrai, veut lui ériger un monument plus durable que le buste d'airain de cet homme de bien, *œre perennius* (chef-d'œuvre de l'habile statuaire M. Joseph Carlier), placé déjà au Musée communal. Un historien, d'accord avec la municipalité, s'est chargé de peindre sa vie si remplie et de nous la présenter à la distance respectueuse, qui est la bonne en histoire comme en peinture; il réclame avec instance des renseignements sur le séjour de M. Bouly à Beauvais, sur ses relations artistiques ou de bienfaisance, etc.

Mon admiration pour le personnage qu'ainsi je fus amené à connaître plus intimement, depuis sa disparition de ce monde, me porte volontiers à pardonner l'indiscrétion cambresienne et me décide à communiquer ces notes telles quelles. Toutefois j'ai cru devoir auparavant, dans l'intérêt général et particulier des recherches historiques qui appellent la Société Académique à toutes sortes de fouilles, vous demander la permission d'exhumer devant vous le souvenir d'un homme érudit, distingué, vertueux, je dirai même d'une gloire locale que Beauvais et le département de l'Oise ne sauraient compter parmi les moins illustres. Car, quoique M. Bouly n'ait pas été membre de notre Société, et nous le regrettons vivement, nous ne pouvons oublier qu'il appartint à notre ville, qu'il y acquit droit de cité, qu'il y a vécu plus de vingt années, qu'il y est mort et que Cambrai ne possède pas sa dépouille mortelle. A ce titre, sa biographie se présente devant vous, avec la certitude d'être la bienvenue.

*5 Décembre 1885.*

I.

# M. BOULY A CAMBRAI.

Eugène-Antoine-Léopold-François **Bouly** naquit à Cambrai, dans un rang distingué, le 17 janvier 1804. Sa famille, héritière d'un riche fonds de loyauté, je pourrais dire du plus pur loyalisme et de l'estime générale, ajoutait à son nom patronymique celui de la terre de Lesdain (arrondissement de Cambrai).

Nous verrons combien ces traditions et ce patrimoine d'honneur furent fidèlement gardés. M. Bouly avait dans les veines le sang d'une vieille et forte race, et, pour parler comme Saint-Simon, un reste de seigneurie.

Les ancêtres de son père, originaires du Hainaut, étaient principalement voués à la magistrature. Sa mère fut une descendante de Bourdon d'Haucourt, magistrat de Cambrai en 1677, qui eut la gloire d'être un des principaux négociateurs de la soumission de cette ville à Louis XIV. Elle comptait encore dans sa famille Amé Bourdon, anatomiste célèbre, qui fut, au XVIIe siècle, le médecin et l'ami de Mgr de Bryas, archevêque de Cambrai.

(M. Bouly, dans son *Dictionnaire historique de la ville de Cambrai*, p. 46 et 224, donne une courte notice sur Amé et Jean Bourdon, seigneurs d'Haucourt. — Voir le *Dictionnaire historique* de Feller, au mot *Bourdon*).

Après avoir fait ses études classiques avec succès, en partie à Saint-Acheul, puis au collège ecclésiastique de Cambrai, et les avoir couronnées en suivant les cours de l'Ecole de Droit à Paris, où il obtint le diplôme de licencié, M. Bouly se destinait, comme son père, à la magistrature. Il attendait sa nomination dans l'ordre judiciaire, lorsque les événements de 1830 vinrent lui fermer la carrière. Disons-le tout de suite, les opinions politiques de sa famille, auxquelles il était inviolablement attaché, ne le recommandaient point aux faveurs de l'ordre de choses qui s'établit alors.

Dès ce moment il se laissa entraîner vers les sciences, les lettres et les arts. Il s'y consacra sans partage et leur voua une sorte de culte. L'architecture antique et celle du moyen-âge, l'épigraphie, la numismatique, l'orfèvrerie, le blason, la peinture, en un mot toutes les parties de la science lui devinrent bientôt familières. C'était d'ailleurs une de ces natures privilégiées pour qui l'étude n'offre point d'obstacles, tant il était doué de toutes les aptitudes et surtout d'une remarquable puissance de concentration. Epris particulièrement d'un vif amour pour l'histoire de son pays natal, il se livra avec une sagace et pénétrante activité aux multiples recherches qui devaient lui en faire connaître les détails. Ses goûts et sa passion pour les vieux temps l'avaient poussé, avec une prédilection qui s'était manifestée de bonne heure, vers l'étude de l'archéologie. Il possédait admirablement celle du Cambrésis.

Le premier livre écrit par M. Bouly est intitulé :

*Promenades nocturnes dans une ville de province*, ouvrage léger et fantastique dont nous ne parlerions point sans cette circonstance, qu'il fut publié, en 1832, au profit des orphelins du choléra, à Cambrai. L'auteur débutait dans sa carrière d'écrivain par un acte de bienfaisance.

Vinrent ensuite :

(En 1835) *Lettres sur l'histoire de Cambrai*, 1 vol. in-8°, esquisse rapide, propre à donner une idée sommaire de l'histoire de cette ville. M. Bouly n'y attachait pas beaucoup d'importance, bien qu'il en existe deux éditions.

(En 1837) *Mémoires chronologiques*, contenant ce qui s'est passé de plus remarquable à Cambrai et aux environs, depuis la réunion de cette ville à la France, sous Louis XIV (1677), jusqu'en 1753, 1 vol. in 8°. M. Bouly ne fut que l'éditeur de ces Mémoires dont le manuscrit lui appartenait ; mais en le publiant, il rendit généreusement service aux historiens du pays, qui, depuis lors, ont cité souvent dans leurs œuvres ce précieux mémorial. Longtemps auparavant (en 1825), M. Leglay, archiviste du Nord et intime ami de M. Bouly, en avait eu communication et en avait fait usage dans ses études sur la métropole de Cambrai.

Cette publication mit M. Bouly en rapport non seulement d'études, mais d'affection étroite avec Arthur Dinaux, fondateur des Archives historiques et littéraires du nord de la France, etc., auquel il consacra plus tard un article nécrologique dans le *Guetteur du Beauvaisis* du 23 mai 1864 (1re année, p. 63 et 64) (1). Les mêmes relations furent aussi établies entre M. Bouly et Onésime Le Roy, ingénieux poète dramatique, Henri Berthoud, le gracieux romancier, et bon nombre de ses concitoyens d'élite, remarquables par la noblesse de leur caractère et les qualités de leur esprit. Au premier rang brillait, quelques années après, le cardinal Giraud, archevêque de Cambrai de 1842 à 1850.

En 1838 il fit paraître *Les Bords de l'Escaut*, brochure

(1) Notons en passant d'autres articles de M. Bouly, publiés dans le *Guetteur du Beauvaisis* (3e année, n° 36, p. 165 et suiv.) *sur la vie et les travaux* de M. de La Fons Mélicocq, et (4e année, p. 117) *sur les Notices* de M. Barraud, chanoine de Beauvais.

in-8°. Né sur les rives de ce fleuve, M. Bouly voulut partir un jour avec lui de sa source, pour visiter les contrées qu'il fertilise, voir les murs qu'il baigne et les chaumières qu'il arrose. Il a causé avec les habitants de ses bords, interrogé leurs souvenirs, écouté leurs légendes et leurs naïves traditions. A l'aspect de quelque ruine il saisissait son crayon et enrichissait son album de nombreux croquis. C'est cette pittoresque et poétique excursion jusqu'au confluent de la Sensée et de l'Escaut, qu'il raconte avec les émotions d'un cœur si fortement attaché au vieux sol de sa patrie (1).

En 1839, il publia les *Histoires fantasques de la Flandre*, en 2 vol. in-8°. Plusieurs de ces histoires sont des sujets cambresiens.

En même temps, voyant la carrière qu'il ambitionnait fermée devant lui, il se résigna à vivre de sa médiocre fortune et perfectionna les talents qu'il avait acquis.

Il y eut une époque où, dans toutes les villes de quelqu'importance, des hommes studieux organisèrent, comme à Paris, différents cours publics, gratuits, mettant ainsi l'instruction à la portée de tout le monde. A Cambrai, ce mouvement intellectuel s'accentua bientôt, et M. Bouly, mû par un sentiment patriotique et généreux, s'y fit l'initiateur des classes populaires à l'art de la musique. Il fut le fondateur de la première Société orphéonique. Ses élèves, au nombre de 150 et 60 musiciens d'orchestre, lui ont offert une églantine d'argent. Ses services furent appréciés, car ne voulant pas laisser sans récompense les efforts et les succès de son concitoyen, la Société d'Emulation de la même ville lui décerna, en 1839, une médaille d'or frappée exprès en son honneur, avec cette inscription : *A M. Eugène Bouly, Musique popularisée à Cambrai.*

Déjà musicien distingué, violoncelliste habile, chef d'or-

(1) Pour ce charmant volume M. Bouly remporta une médaille d'or, à l'un des concours de littérature de l'Association Lilloise.

chestre et des chœurs de la Société philharmonique de Cambrai, il tourna ses efforts vers la composition musicale et, à ses débuts, il y réussit, puisqu'il obtint, en 1841, un *premier prix* au Concours de l'Association Lilloise. La pièce qu'il vit ainsi couronner est un oratorio biblique intitulé les *Hébreux dans le désert.*

M. Bouly mit en chœur la *Chasse du jeune Henri* publiée chez Richault, à Paris, et réédita les *Vieilles Chansons de la Flandre.* Il en fit une scène musicale avec récits pour un coryphée et des chœurs enlevants. Le chant de *Martin-Martine* surtout, le plus populaire, fait toujours la joie des Cambresiens. Ils bondissent quand la musique du régiment l'interprète et se plaisent à fredonner :

Nous sommes tous les garçons de Martin,
Vous êtes tout's les filles de Martine,
Tin, tin, tin, tin,
Tine, tine, tine.

.............................................

Jadis pour son extravagance
Martin frappait quelque étourneau ;
Mais aujourd'hui, dans notre France,
Qui n'a pas son coup de marteau ?

C'est le dernier couplet de la chanson en l'honneur des deux automates, orgueil du peuple de Cambrai, placés devant le campanile de l'Hôtel-de-Ville pour frapper les heures.

M. Bouly n'était pas seulement musicien. Peintre amateur, on l'a vu souvent dans la campagne guidant les études de jeunes dessinateurs qui s'étaient constitués ses disciples. Ses paysages sont appréciés pour leurs sérieuses qualités de composition, le faire propre à l'artiste, et leur richesse de tons dorés à la manière flamande. Il organisa également à Cambrai l'école de dessin dont il devint le zélé professeur.

Prenant toujours des notes sur presque tous les sujets des annales cambresiennes, il publia :

(En 1842) *L'Histoire de Cambrai et du Cambrésis*, 2 vol. in-8°. On lit à la fin de cet ouvrage des lignes qui démontrent que M. Bouly n'avait aucune vanité d'auteur et qu'il était fortement épris de l'amour de son pays. « Ici, dit-il, finit notre histoire de Cambrai ; puisse ce modeste monument, élevé à la mémoire de nos pères, mériter à l'auteur la bienveillance de ses concitoyens. Certes cet ouvrage aurait pu sortir d'une plume plus éloquente, émaner d'un chroniqueur plus savant ; mais nous affirmons, et c'est là notre seule vanité, que nul ne l'eût écrit avec plus d'amour et plus de respect pour notre vieux et noble pays ; que nul n'eût trouvé plus de bonheur à en offrir l'hommage aux Cambresiens d'aujourd'hui. »

Avec peu de ressources pécuniaires, mais sachant s'abstenir des goûts et des plaisirs dispendieux qui entraînent beaucoup d'hommes de nos jours, il s'était formé une collection assez importante et très choisie d'objets d'art et de curiosités. Il fabriqua de ses mains une machine électrique et un planétaire. Il s'était également constitué un cabinet de zoologie indigène, renfermant tous les oiseaux du pays et de nombreux quadrupèdes préparés et empaillés par lui-même, avec une habileté consommée. Les naturalistes trouvaient grand intérêt à visiter cette galerie d'histoire naturelle, parce qu'elle présentait une monographie presque complète.

Adroit sculpteur, M. Bouly imitait si parfaitement le style des anciens artistes, que des archéologues raffinés ont pris souvent pour des meubles du XVI^e siècle des objets qui venaient de sortir de son ciseau. Signalons spécialement un grand fauteuil, imitant l'époque de Louis XIII, et une table à éventail portant, aux extrémités de la corniche, deux têtes humaines, finement sculptées et garnies aux quatre pieds de beaux chevaux marins.

Homme d'initiative et d'imagination, M. Bouly sortait volontiers des ornières battues. Ce fut lui qui donna le signal de ces riches et grandes expositions rétrospectives de l'art et de la curiosité, dont tant de villes ont fait depuis un sujet de fête et d'amour-propre local. Dès 1844 il émit cette pensée, la fit adopter et provoqua dans Cambrai une magnifique exposition d'objets d'art anciens. Cette idée lui était venue pendant qu'il écrivait son livre : *Les Sciences*, *les Lettres et les Arts à Cambrai* (1844). Il apporta dans la réalisation de son projet l'entrain et la persévérance dont il donna toujours des preuves. « Je m'étais imposé, dit-il dans un fragment de ses Mémoires, une tâche difficile, car il s'agissait de décider tous les riches et grands amateurs de la ville à dépouiller (précisément pendant les jours de fête communale) leurs salons et leurs cabinets des chefs-d'œuvre qui les ornaient, et à se constituer eux-mêmes les organisateurs et les gardiens de cette brillante exposition. Je réussis au delà de mes espérances. Tous, pleins d'égards pour moi, et souriant à ma proposition, s'exécutèrent de la meilleure grâce. »

Le catalogue en un vol. in-8°, imprimé à cette occasion (1844), et qui eut précisément pour titre : *Les Sciences, les Lettres et les Arts à Cambrai*, peut donner une idée des richesses artistiques que possédaient alors quelques amateurs de mérite. Nous citerons seulement un fragment de la fin, pour en faire connaître l'esprit et l'objet. « Ici finit notre tâche, dit M. Bouly, la plus agréable que nous ayons eue à remplir, car si déjà nous avons beaucoup écrit sur les vieux temps du pays, cette fois, du moins, nous avons consacré notre plume à nos concitoyens vivants, à la ville d'aujourd'hui...

« Nous avons l'espérance de n'avoir pas écrit un livre inutile, car il ne pourra pas être indifférent à ceux qui viendront après nous de connaître l'état de l'art à Cambrai, à l'époque où nous sommes. Nous serions bienheureux que nos prédécesseurs eussent fait ce travail pour les siècles qui nous ont précédés. Nos concitoyens eux-mêmes parcourront, sans doute avec plaisir, ce catalogue qui rend, en quelque sorte, communes les richesses individuelles et qui révélera aux étrangers la valeur réelle de notre chère cité. »

Et, en effet, M. le préfet du Nord, appréciant l'utilité de ce livre dès son apparition, invita les autorités des autres villes de son département à provoquer, dans chaque localité importante, un travail analogue. Nous ne savons pas si cette invitation a produit quelque résultat.

En 1845, M. Bouly publia : *Les Soirées de l'abbé Tranchant,* ou entretiens, anecdotes et souvenirs relatifs à l'histoire de Cambrai, 1 fort vol. in-8°. Ce livre, rare aujourd'hui, est recherché des amateurs. L'auteur, dans cet ouvrage, suppose que l'abbé Tranchant, prévoyant qu'il n'échappera point au couteau révolutionnaire, remet entre les mains de quelques jeunes gens des documents précieux pour l'histoire de Cambrai et confie à leur mémoire des souvenirs relatifs à cette même histoire. Ces manuscrits font le sujet du livre. Il contient donc, dans un cadre imaginaire, des tableaux et des documents vrais et utiles.

En 1847 nous avons : *Les Souterrains de Cambrai et du Cambrésis,* 1 vol. in-8°. A cette époque, M. Bouly mettait à exécution un projet qu'il avait conçu depuis longtemps, mais qui présentait beaucoup d'obstacles et de difficultés et même de dangers. Il s'agissait de relever à la boussole le plan aussi général que possible des souterrains nombreux qui existent sous la ville de Cambrai et dans les villages du Cambrésis. Pour cette entreprise hardie, il s'associa plusieurs jeunes gens de cœur qu'il nomme à la fin de son livre, et notamment M. A. Bruyelle, qui prit une part très active et persévérante non seulement à la levée des plans réunis en un curieux Atlas, demeuré inédit, mais à la rédaction du livre dont nous venons de donner le titre. M. Bouly, qui avait conçu et dirigé tout le travail, se plaît dans ses notes à rendre hommage au zèle et à l'intelligence de son dévoué collaborateur.

La même année 1847, il donna aussi, en brochure in-8°, une *Notice sur le cardinal Pierre d'Ailly*, né selon les uns à Compiègne, ou selon d'autres à Ailly, dans les environs d'Abbeville, en 1350, chanoine de Noyon en 1381, aumônier et confesseur du roi Charles VI (1389), évêque du Puy (1395), puis de Cambrai et enfin (1411) nommé cardinal et légat du Pape Jean XXIII, en Allemagne, surnommé l'*Aigle des Docteurs de la France*, mort à Avignon en 1420.

En 1848 apparut : *Le Règne du Diable*, en 2 vol. in-8°, ouvrage dramatique sur un sujet terrible dans lequel l'auteur reproduit, sous forme de roman, les faits et la physionomie de l'époque de la Terreur, à Cambrai, en 1793. La publication de ce livre dans un journal de Cambrai, coïncidant avec la Révolution de 1848 et montrant les excès des grandes secousses politiques, fit en ce moment-là une diversion très heureuse qui fut approuvée par beaucoup d'honnêtes gens ; et, cette même année (1848), le suffrage populaire appela M. Bouly au conseil municipal. L'édilité, peu de temps après, lui conféra les fonctions de secrétaire chargé de la rédaction des procès-verbaux, fonctions que, vingt ans auparavant, le père de M. Bouly avait également exercées.

Il ne tarda pas à être nommé adjoint au maire de Cambrai, dont il devint l'ami et le dévoué coopérateur. On connaissait son affection pour la jeunesse cambresienne ; on savait qu'il en était aimé : cette considération détermina le maire de la ville à le charger des rapports administratifs avec les écoles communales.

M. Bouly consacra alors aux intérêts de la cité un temps considérable qu'il dérobait à ses études favorites. Il était naturellement obligeant et ne manquait jamais à une promesse faite. Nous le voyons professer bénévolement la chimie au Grand-Séminaire. Alors M^gr^ Dennel, qu'il fut si heureux de retrouver trente ans plus tard à Beauvais, était l'un des élèves de son cours.

Dans les nombreux services qu'il rendit (et il en rendait beaucoup), son désintéressement égala toujours sa complaisance. Il se montra même parfois singulièrement généreux, en obligeant, de la meilleure grâce possible, des gens qu'il savait ingrats ou hostiles à son égard, des artistes dont nous tairons les noms propres.

Ce fut M. Bouly qui donna à la fête de Cambrai les splendeurs inusitées jusque-là, les 15, 16, 17 et 18 août 1850, puis en 1851, 1852 et les années suivantes. « Nos concitoyens, écrivait, le 10 juin dernier, le Comité de souscription pour le buste de M. Bouly, voudront attacher leur nom à cet hommage public rendu au grand réorganisateur de nos fêtes communales, à celui qui sut mener la marche traditionnelle de nos chars jusqu'à l'apogée de son éclat, en retraçant dans un programme poétique et pittoresque les principales époques de l'histoire de Cambrai. »

Ce *Programme de la marche historique*, mis en scène par ses soins, en 1850 pour la première fois, forme un remarquable album peint à l'aquarelle par M. Bouly. Il devrait figurer à la bibliothèque de Cambrai, à côté des autres ouvrages locaux si nombreux du fonds Bouly de Lesdain. Le spectacle grandiose et splendide de ces merveilles avait imprimé un tel élan d'admiration, excité un si grand enthousiasme parmi les populations voisines qu'elles accouraient en foule à ces triomphes inaccoutumés. Jamais spectacle public n'obtint plus de succès dans Cambrai. Aussi les principaux organes de la presse parisienne l'apprécièrent-ils et le préconisèrent comme il convenait. Le journal la *Patrie* (du 24 août 1852) n'hésita point à déclarer qu'il laissait derrière lui les plus brillants spectacles rivaux. Le *Moniteur* (du 23 août 1852), de son côté, préférait aux représentations et aux fêtes parisiennes l'originalité et la majesté de cette immense mise en scène. Le *Constitutionnel* (du 23 août 1852) et l'*Illustration* (du 28 août 1852) ne sont pas moins élogieux.

M. Bouly, en prenant hardiment pour son sujet, non pas un fait, un épisode historique, comme cela s'était pratiqué jusque-là, mais les fastes entiers de la cité de Cambrai, ouvrit dès 1850 une voie nouvelle qui, bientôt après, reçut des Lillois une approbation éclatante, puisqu'ils représentèrent dans une grande fête les Fastes de Lille; et après eux d'autres ne tardèrent pas, pour leurs réjouissances historiques, à suivre la voie nouvelle inaugurée par M. Bouly dans ses carnavals, concerts, splendides soirées suivies de feux de joie. Personne, connaissant le caractère flamand et se rappelant les magnifiques défilés de Bruges, l'an dernier, ne contestera que M. Bouly était entré dans le vif des aspirations populaires pour ces sortes d'exhibitions originales et instructives.

Membre actif du conseil municipal de Cambrai, pendant un certain nombre d'années, et associé en sa qualité d'adjoint à l'administration de la commune, il connaissait bien les hommes et les choses de son temps. Il en a parlé sciemment, se plaisant surtout à rendre justice au mérite d'un grand nombre de ses concitoyens et n'émettant jamais un blâme que dans les termes les plus modérés. Ou bien, plein d'égards pour tous, il prit soin de supprimer les noms même acquis à l'histoire auxquels pouvait se rattacher quelque souvenir fâcheux. C'est ce qu'il fit, en 1851 et 1852, dans l'*Histoire de la municipalité de Cambrai depuis 1789*, extraits et analyses de ses délibérations importantes, en 2 vol. in-8°.

En 1854, notre historien élégant et fécond publia, sous les auspices du conseil municipal, son œuvre capitale : *Le Dictionnaire historique de la ville de Cambrai, des abbayes, des châteaux-forts et des antiquités du Cambrésis*, 1 fort vol. grand in-8°, à 2 colonnes.

Ce livre a pu servir un jour de prétexte à des récriminations ou des critiques peu équitables : c'est un honneur qui n'arrive qu'aux écrivains de cœur et de talent.

Ainsi, par exemple, un peintre cambresien avait, sur commande de M. de Baralle, architecte, fait les copies de deux portraits d'anciens archevêques de Cambrai. Or ces copies qui étaient destinées à figurer dans l'établissement Vanderburch, M. de Baralle les refusait, ne les trouvant pas assez parfaites. Le peintre se lamentait et se sentait horriblement humilié : M. Bouly, prenant pitié de cette déconvenue, céda aux instances de l'artiste, quoiqu'il connût très bien ses sentiments hostiles, fit une démarche et obtint de M. de Baralle que les tableaux fussent admis et payés.

Néanmoins, le peintre ne le remercia jamais de ce service; au contraire, ce fut lui qui signa de son nom une diatribe de son beau-frère contre M. Bouly, écrite sous le prétexte de critiquer son *Dictionnaire de Cambrai*. Mais, en revanche, l'ouvrage a obtenu des suffrages si flatteurs et si nombreux qu'il serait beaucoup trop long de les reproduire ici.

Deux traits caractérisent les œuvres de M. Bouly : un amour profond de son pays natal, l'indépendance et la générosité de sa plume. Dans la préface de son Dictionnaire il se peint tout entier comme écrivain.

II.

# M. BOULY A PARIS.

En 1854, M. Bouly quitta Cambrai pour se fixer à Paris. Ses amis le virent partir avec regret. Entre autres le cardinal Régnier, archevêque de Cambrai, lui écrivait ces lignes significatives, le 9 janvier 1855 : « Je vous tiens toujours pour cambresien et vous sais bien gré de rester tel au moins par le cœur. Vous nous reviendrez de temps en temps, j'en ai l'espérance. Du reste vous pourriez bien, en vous éloignant, vous soustraire à mon autorité pastorale; mais allassiez-vous au bout du monde, vous n'échapperiez pas à mon affection. »

A la capitale, M. Bouly contracta d'agréables relations artistiques et littéraires ; il continua dans les bibliothèques publiques et privées ses recherches de prédilection. Il trouva, chez les libraires qu'il visitait souvent, beaucoup de documents précieux dont il enrichit sa collection particulière.

Vivant modestement dans sa nouvelle résidence (boulevard Montparnasse, n° 9), qui lui présentait tant de charmes et tant de ressources pour ses travaux, ne cherchant nullement l'évidence, il fut néanmoins remarqué à plusieurs points de vue. Ses capacités personnelles pour les grandes mises en scène, son entente des spectacles grandioses, dont il avait donné des preuves dans le programme et la direction des fêtes communales de Cambrai, et dont, en 1852, une grande partie de la presse parisienne avait fait un éloge enthousiaste, le recommandèrent à l'attention de plusieurs directeurs de théâtres à Paris. M. Huart, directeur des *Folies-Nouvelles*, en 1855, et surtout M. Alphonse Royer, directeur du *Grand-Opéra*, lui firent les offres les plus séduisantes pour qu'il consentît à remplacer par d'ingénieuses inventions, et par des prestiges nouveaux dont il était l'auteur, tout l'ancien système des machines theâtrales, système si suranné d'ailleurs et si incomplet alors, qu'on s'étonnait à bon droit de le voir encore subsister. M. Bouly, malgré les excitations chaleureuses et bienveillantes d'un de ses meilleurs amis, M. Henri Berthoud, ne crut pas devoir consentir à se charger d'une entreprise si conforme à ses goûts, si facile pour lui, quant aux ressources de l'imagination, au génie de l'invention et à l'énergie d'exécution, mais dont le succès lui paraissait à l'avance très compromis à cause des amours-propres intéressés à l'empêcher de réussir.

Il aurait certainement obtenu des succès au théâtre, s'il avait voulu y faire représenter quelques-unes de ses œuvres dramatiques d'une exquise saveur littéraire ; car plusieurs de ces pièces, jouées en société, obtinrent de la part de nombreux auditeurs compétents les suffrages les plus flatteurs.

Dans ces sortes d'ouvrages l'intrigue marche rondement, le dialogue est vif, spirituel, souvent mordant, par des allusions à l'état de décadence des caractères et des mœurs. Ingénieux à trouver des situations comiques, il a écrit des scènes joyeuses qui, chaque fois qu'elles ont été jouées, ont excité un fou rire se soutenant d'un bout à l'autre de la pièce, et ont fait trouver aux spectateurs charmés de tant de vigueur, de nouveauté et de sève dans les compositions, un repos délicat, une récréation saine et vivifiante.

M. Bouly écrivait une pièce de théâtre, tâche toujours assez difficile, avec une souplesse de talent et un savoir d'une variété surprenante. Il la dictait quelquefois en se promenant dans sa chambre. Il faisait de même le couplet. On pourrait presque dire qu'il l'improvisait. Je crois qu'on peut estimer à plusieurs centaines le nombre des couplets dont il a composé ses chansons, ou qu'il a disséminés dans ses vaudevilles.

Voici la liste des scènes et comédies de M. Bouly pour les pensionnats, les salons et les cercles de jeunes gens, toutes tirées en nombre et vendues à Beauvais chez M. Trézel, qui en est l'éditeur propriétaire :

**Le Déjeuner de Garçons** ou LA LEÇON DE SAGESSE, comédie en un acte.

**Les Tribulations du marquis de la Grenouillère,** comédie bouffonne en un acte, avec planche de costumes.

**Les Brigands invisibles,** comédie bouffonne en un acte.

**Don Quichotte,** comédie en trois actes, sujet tiré du roman de Michel Cervantes Saavedra.

**Le Père Jérôme,** drame en un acte mêlé de chants, *ad libitum.* Cette pièce peut être jouée indifféremment comme opéra ou simplement comme drame en prose. Pour ce dernier cas, il suffit de supprimer les morceaux de chant. Cette suppression ne nuit en rien à la marche de la pièce.

**Monsieur l'Inspecteur,** folie de jeunes gens, en un acte.

**La Chasse aux Ortolans,** scène-proverbe à trois personnages.

**Le Chat de la Mère Michel,** pantomime bouffonne en un acte, avec planches de costumes. Farce de carnaval dont les personnages sont : Arlequin, Pierrot, Cassandre, Polichinelle, Marforio et un procureur.

**Le Violon de Stradivarius,** scène comique en un acte. L'un des personnages de cette pièce amusante y joue trois rôles différents, à l'aide de travestissements : un ménétrier, — un lord anglais, — un vieux rapin.

**Les Oreilles de Midas,** comédie bouffonne en un acte, avec planche de costumes, d'accessoires et de musique.

**L'Homme Rouge** ou UN POISSON D'AVRIL, comédie-vaudeville en un acte.

**La Gouvernante des demoiselles Esturgeon,** comédie en un acte, pour pensionnats de demoiselles.

Nous ne pouvons nous arrêter ici pour donner l'analyse développée de cette prodigieuse variété de tableaux, assez connus d'ailleurs. Disons seulement que l'idée s'y présente avec une spontanéité, une originalité, un gai savoir, d'où naît la joie et l'élan pour le bien. Toujours ces pièces jouées dans les Pensionnats de notre ville, lorsque M. Bouly vint s'y retirer (en septembre 1862), ont été applaudies et unanimement admirées.

III.

# M. BOULY A BEAUVAIS.

Devenu plus âgé et trouvant la vie de Paris trop fatigante pour ses forces amoindries et pour celles de sa digne compagne, attiré aussi par des liens de famille, M. Bouly retrouvait à Beauvais d'anciens amis de toute sa vie, tels que ses condisciples de Saint-Acheul, MM. Olivier de Boncourt, de Gaudechart, de Saint-Germain et Mgr Obré, évêque titulaire de Zoara.

Il s'en fit de nouveaux, mais en limita le cercle à un petit nombre. Il voulut ici, comme à Paris, vivre en repos, ne cherchant nullement à se mêler aux soucis de la chose publique, à laquelle néanmoins il portait un vif intérêt. Ses conversations, animées du reste par une grande énergie de caractère, furent bien vite remarquées. C'était toujours un aimable causeur, qu'il abordât de hautes considérations philosophiques, ou qu'il descendît à des sujets moins graves, qu'il parlât d'un tableau, d'un livre, ou qu'il racontât des épisodes de théâtre et de prestidigitation. Nous avons encore vivace le souvenir de la première visite que nous lui rendîmes, dans sa charmante retraite, rue de Buzenval, 12, à propos d'une question archéologique sur les nimbes des

Saints. Il finit par nous réciter avec feu la magnifique prosopopée qui termine le discours du cardinal Giraud, à l'inauguration des chemins de fer du Nord, à Lille, en juin 1846.

Consulté, il semblait rendre un oracle avec une grande bonne humeur, mais surtout avec une conviction inébranlable et beaucoup de franchise. Il mérite cet éloge particulier d'avoir pu parler toujours de n'importe quel sujet, de *omni re scibili*, avec une rare compétence, bien que laissant voir inévitablement son opinion personnelle et par conséquent son jugement propre. Il marchait ainsi devant lui, en droite ligne, dans toute discussion, comme il avait toujours fait dans la vie.

Il réunissait souvent des artistes de la ville et jouissait avec eux, durant des soirées musicales longtemps hebdomadaires, du plaisir de faire sa partie de violoncelle dans des quatuors fort intéressants.

Bientôt le Pensionnat des Frères et l'Institut agricole de Beauvais offrirent le spectacle de plusieurs pièces de M. Bouly. L'auteur tint à donner lui-même à ces représentations leur allure pittoresque par les décors. Il était artiste et spirituel ; il voulait de l'art et obtenait des effets inespérés. Toujours en verve, véritable docteur ès-sciences scéniques, vif, alerte, sémillant, parfait gentilhomme en tout point, il séduisait la jeunesse et ne distrayait pas moins l'âge mûr par cette veine franche gauloise, épigrammatique de ses comédies. Il y jette, en effet, la satire, non pas celle qui brûle à son fer chaud les grandes plaies sociales, mais la satire enjouée, leste, qui pique de ses épingles les ridicules et les vanités sottes dont il avait la fine perception.

Avec de la fantasmagorie à l'usage des enfants, au moyen de l'électricité, par tous les *trucs* ingénieux du métier, il sut donner aux soirées récréatives de l'Etablissement des Frères l'intérêt le plus soutenu. D'ailleurs payant de sa personne, c'est-à-dire de son talent comme prestidigitateur, il prenait plaisir à éblouir la société par son adresse. Robert-Houdin lui-même a rendu justice en reconnaissant que M. Bouly lui a fourni la plupart de ses plus beaux tours.

C'est à la suite d'une de ces séances si désopilantes, que M. Paul Blanchemain, alors l'un des plus brillants élèves de l'Institut agricole de Beauvais, aujourd'hui secrétaire de la Société des Agriculteurs de France, offrit à M. Bouly cet *Apologue* dont vous me permettrez de vous donner le texte :

## A MONSIEUR EUGÈNE BOULY DE LESDAIN.

On raconte qu'en une ville,
Dont l'historien a tu le nom,
Ville antique et de renom,
Vint habiter un homme aussi sage qu'habile :
Il y vivait silencieux.
Si l'orgueil rend ambitieux,
La vertu craint le jour, noble délicatesse !
Elle sent par instinct que sa conduite blesse
Ceux qui n'ont pas choisi comme elle un chemin pur.
Mais qui n'admire un ciel d'azur ?
Qui ne serait heureux de trouver sur sa voie
Ceux à qui le Seigneur répand avec la joie
Les richesses d'un cœur pieux?
Du nouvel arrivé la douce et noble tête
Portait comme un reflet de ces trésors des cieux :
L'aimer fut pour tous une fête.
Il n'est pas d'homme universel,
A-t-on dit, et pourtant le héros que je chante
Veut que le proverbe mente,
Puisque dans sa verve étonnante
Il possédait l'esprit réel
De tout art, de toute science.

Entendez-vous cette cadence,
Cette harmonie aux mille voix,
Qui tantôt sautille et chante
Comme la fauvette charmante,
Tantôt vibre, comme en un bois
Gronde la tempête effrayante,
Concerts mélodieux qui naissaient sous ses doigts.
Reportait-il son cœur aux rives fortunées
Qui bercèrent ses destinées
Sous leurs calmes abris ?
La toile étaient sa confidente
Et rendait l'image vivante
De ses rêves chéris.
Aimant l'histoire, archéologue,
Il allait tirer de l'oubli
Le monument enseveli
Que découvrait le géologue.
L'utile vertu de la fleur,
Les mœurs du petit insecte,
Ce merveilleux architecte
Qui révèle un Dieu créateur :
Il a connu toutes choses.
Dirai-je les beautés écloses
Sous sa plume de prosateur ?
Sa verve énergique, incisive,
Savait dans une scène vive
Instruire et frapper l'auditeur.
Il touchait encore la lyre.
On a même été jusqu'à dire
(La légende est juste parfois)
Qu'il avait découvert la puissance secrète
D'animer les objets avec sa seule voix,
Ou par un coup de sa baguette.
Je veux croire pour un moment
Qu'il pouvait de la sorte enchanter l'élément ;
Mais il avait le don plus merveilleux encore
De réveiller, de faire éclore
Les nobles élans sous ses pas.

Il était de ceux-là dont le front se couronne
Du diadème que Dieu donne
Et que le monde ne voit pas :
Mais sans en avoir conscience
Chacun en subit l'influence :
La vertu parmi nous travaille ainsi tout bas.

D'un tel récit la morale est facile.
Quand un homme pourrait aux secrets du passé
Ajouter le savoir d'un siècle plus habile ;
Quand il aurait tout embrassé :
S'il ne possédait pas la science suprême
Qui fait qu'autour de soi l'on s'épanche et l'on aime,
La science du cœur enfin,
Cet homme-là ne sait rien.
Mais honneur à celui qui porte dans son âme
Cette douce et pure flamme.
Ah ! ne devons-nous pas l'applaudir par trois fois ?
Se taire serait une offense
Faite à la sainte Providence
Qui nous fit rencontrer ce trésor de son choix.

(*Beauvais, le 21 mai 1866.*)

Pardonnez-moi, Messieurs, de m'être étendu si longuement ; mais ne faut-il pas des détails pour faire connaître un homme ? Je vous annonçais une simple Notice dont la sobriété ne vous déplaise pas, sans critique approfondie, et je suis entraîné à faire une de ces biographies que, malheureusement, M. Jules Simon n'appellerait pas « un oratorio qu'on joue sans adjonction de quelques cuivres. » Mais nous touchons à la fin de la vie si remplie de M. Bouly.

Il ne se plaignait pas de la vieillesse : elle n'a jamais été plus douce pour personne que pour lui, au milieu des plus tendres affections de sa femme et de sa fille adoptive, à la vie desquelles sa vie était si étroitement unie. Occupé de ses distractions favorites, il fut apprécié dans notre ville des hommes les plus recommandables, à la tête desquels il faut placer Mgr Gignoux, notre évêque regretté. Le vénérable prélat, comme antérieurement les cardinaux Giraud et Régnier, archevêques de Cambrai, l'honorait d'une affection particulière. Il le fit nommer membre du Conseil de fabrique de la cathédrale. Il aimait sa société, échangeait avec lui de fréquentes visites et faisait grand cas de ses opinions en toutes choses. C'est que M. Bouly avait nourri son esprit et son jugement de la lecture des œuvres des de Bonald, des de Maistre et autres philosophes chrétiens; c'est que son caractère franc et indépendant était sympathique au bon évêque qui se plaisait à le voir s'indigner contre les tristesses et les défaillances de l'époque, ou traiter de folie les colères des hommes employant leurs meilleurs jours aux batailles des ambitions et des vanités.

M. Bouly resta fortement attaché à d'inaltérables convictions politiques, et cela n'est défendu à personne, à la fin de notre XIX^e^ siècle qui ressemble à une page de l'histoire des naufrages. Ayant une horreur profonde de toute violation du droit, il ne voulait être que du parti de l'espérance.

Les qualités et le talent que tous reconnaissaient en lui, se résumaient dans la sûreté de ses appréciations qu'il formulait d'une manière toujours originale et piquante, sans que le goût le plus sévère eût jamais rien à reprocher à l'expression de ses jugements. On le trouva parfois trop absolu dans sa manière de voir, n'admettant guère la divergence d'opinions. — Il s'agit ici des goûts artistiques sur lesquels on peut n'être pas toujours d'accord. — En France on confond volontiers la fermeté avec le caractère ou la volonté; c'est ainsi que lorsque M. Bouly avait vu, rien, en effet, ne l'aurait amené à transiger avec son opinion nette et assurée. « La vérité est nue, a-t-il dit, et n'a rien d'élastique. »

Octogénaire, il était jeune encore. L'année même de sa

mort, le 17 janvier 1884, jour anniversaire de sa naissance, il chantait avec humour ses quatre-vingts ans, à la fin d'un dîner de réjouissance. Il venait de composer les couplets suivants pour un cercle intime d'invités.

## MES QUATRE-VINGTS ANS.

(*Air :* de Préville et Taconnet.)

Nous voici donc réunis en famille;
Buvons, chantons, livrons-nous au plaisir.
A cette table où le bon vin pétille,
Ne laissons pas son feu se refroidir.
J'oublie ici tous les jours de tristesse;
Et parmi vous, ô mes amis charmants,
Si je suis plein de verve et de jeunesse,
C'est qu'aujourd'hui j'ai mes quatre-vingts ans.

On dit souvent : la vieillesse est boudeuse :
Sans indulgence, elle gronde toujours.
Ne peut-on pas la rendre gracieuse
En l'éclairant du soleil des beaux jours ?
Un tel destin est séduisant sans doute:
Puissiez-vous, heureux et bien portants,
Laissant les soins, les soucis sur la route,
Atteindre un jour à vos quatre-vingts ans !

Dans ces moments toujours si pleins de charmes
Où l'on se livre à l'étude de l'art,
Chacun de nous, en brandissant ses armes,
Se fait champion d'Haydn ou de Mozart.
Lorsqu'à jouer un solo je me frotte,
Pour mon archet montrez-vous indulgents :
Et si je croque, en passant, une note,
Dites tout bas : . . . il a quatre-vingts ans !

Beaucoup de gens, à l'instar de Molière,
Aux médecins contestent leur savoir.
A leur conseil je me fie, au contraire,
Et ne saurais douter de leur pouvoir.
Croyez, docteur (1), à ma reconnaissance :
Car, loin de mettre en doute vos talents,
Je dis bien haut que c'est votre science
Qui m'a conduit jusqu'à quatre-vingts ans.

Plus d'un savant dit qu'en fait de tendresse
Les jeunes cœurs aiment plus que les vieux.
J'en doute fort, et pourtant, par faiblesse,
Je feins de croire à ce fait malheureux.
Puisqu'à vingt ans on aime davantage,
Mes bons amis, autrement je m'y prends :
Pour vous aimer, je dédouble mon âge,
Et je n'ai plus que quatre fois vingt ans !

Je m'en souviens, dans le monde des dames,
On le trouvait aimable et gracieux ;
Jolis minois de filles ou de femmes
Lui souriaient dans nos cercles joyeux.
Point n'est utile, en cette circonstance,
De vous nommer mon héros de romans ;
Mais je puis dire avec toute assurance
Qu'il n'avait pas alors quatre-vingts ans !

Combien d'enfants, tout brillants de jeunesse,
Sont moissonnés dès leur tendre printemps !
Combien de gens la précoce vieillesse
Vient accabler même avant soixante ans !
Et moi, surpris de ma longue vaillance,
Je lève au ciel mes yeux reconnaissants :
Car vous avez, divine Providence,
Semé des fleurs sur mes quatre-vingts ans !

(1) M. le Dr Bourgeois, chevalier de la Légion-d'honneur, vice-président de la Société Académique.

Nos jours sont comptés. M. Bouly ne l'ignorait pas et il se préparait aux années éternelles. En religion aussi bien qu'en tout le reste il fut l'homme délicat, éclairé, édifiant, régulier, exemple vivant des vertus de jadis, de l'ancienne foi de ses aïeux, fidèle jusqu'au bout à sa devise : *Memor majorum*.

Aussi lorsqu'arriva le terme fatal de sa vie ici-bas, son âme, qui n'avait reçu aucune atteinte de la vieillesse physique, étant fortifiée des secours spirituels de la sainte Eglise qu'il avait toujours aimée, honorée et servie, ce chrétien de vieille roche s'éteignit doucement le 5 décembre 1884.

A ce propos nous lui appliquerons volontiers ce qu'il écrivait lui-même à l'occasion de la biographie d'un de ses contemporains : « Quand on a parcouru l'énumération des mérites, des travaux et des succès d'un homme remarquable, on aime à apprendre que cette suprême couronne ne lui a pas manqué. »

Nous ne nous attarderons pas à parler, après tous les journaux de Beauvais, des obsèques solennelles qui furent un légitime hommage rendu publiquement à cet homme de foi, d'esprit, de cœur et de bien. Au cimetière, c'est un de ses amis de Cambrai qui rappela l'histoire, les travaux et les titres du regretté défunt. Tous les autres amis de M. Bouly apprirent sa mort avec un profond sentiment de tristesse. Parmi les lettres de condoléance adressées à celles qui furent les dignes compagnes d'une longue vie d'affection et de dévouement réciproque, nous avons lu des témoignages de sincère attachement de la part de Mgr Dennel, alors évêque élu d'Arras, de Mgr Meignan, archevêque de Tours, et spécialement de Son Eminence le cardinal Desprez, archevêque de Toulouse, intime pays et compagnon d'enfance de M. Bouly, qu'il maria à Honorine de Lespinay de Pancy, étant vicaire à la métropole de Cambrai. M. Bouly s'était fait un honneur et un bonheur de lui servir sa première messe.

Notre savant compatriote d'adoption a composé divers travaux inédits qu'il n'avait pas encore eu occasion de publier. Sans parler de quelques œuvres légères, spirituelles ou sentimentales, auxquelles nous voyons, par ses notes, qu'il n'ajoutait aucune importance, il faut signaler :

*Les Restes et le Tombeau de Fénélon,* historique de la recherche et de la découverte des restes de Fénélon, du bruit et du mouvement qui se sont faits pendant longtemps autour de son cercueil, et des divers projets de tombeau avortés avant l'érection, en 1824, du monument où repose aujourd'hui l'illustre prélat.

Nous pensons que ce travail est beaucoup plus complet que tout ce qui a été écrit jusqu'ici sur le même sujet. Il est intéressant à plus d'un titre et jette sur les choses une lumière nouvelle.

Un autre manuscrit est intitulé : *Erreurs, mensonges et contradictions contenues dans les Mémoires du Magistrat de Cambrai, contre M. de Choiseul, archevêque.* Il y a là d'importantes rectifications historiques.

Un autre volumineux manuscrit porte ce titre : *Les souvenirs d'un contemporain relatifs à ce qui s'est passé à Cambrai en 1793.* M. Bouly l'a rédigé d'après les souvenirs de plusieurs vieillards de la ville, contemporains des événements. M. le chanoine Thénard en a reproduit de longs et très nombreux extraits dans son ouvrage qui a pour titre : *Souvenirs du règne de la Terreur à Cambrai.*

Nous trouvons encore : *Un Armorial de Cambrai et du Cambrésis,* contenant les armoiries de la ville et duché de Cambrai, du comté de Cambrésis, de l'ancienne justice, des états et du dernier comte séculier de Cambrésis, des chapitres, abbayes, maisons religieuses et hôpitaux ; des anciennes pairies, des villes déchues et des villages de ladite province, des corps de métiers, des compagnies bourgeoises de la ville de Cambrai, de ses évêques et archevêques depuis le milieu du XIVe siècle, enfin d'un grand nombre de membres du clergé, de la noblesse et de la bourgeoisie. A ce fort précieux manuscrit sont jointes les armoiries d'un certain nombre de villes de la Flandre française.

Enfin, M. Bouly a laissé de longs fragments de Mémoires intimes non destinés à voir le jour. Mais si on les dégage jamais de leur brume, on y trouvera des explications curieuses de certains évènements relatifs à la ville de Cambrai et des appréciations sur un grand nombre de ses habitants notables.

J'ai fini, Messieurs. N'est-ce pas avec raison qu'en terminant j'emprunterai cette parole divine : *A fructibus eorum cognoscetis eos ?* Vous connaissez, par ses œuvres, M. Bouly de Lesdain, ce savant si largement doué des dons artistiques, ce chrétien d'autrefois, cet homme accompli qui passa vingt-trois années au milieu de nous, trop ignoré peut-être, mais à coup sûr très digne de la plus entière estime et de l'admiration la plus complète.

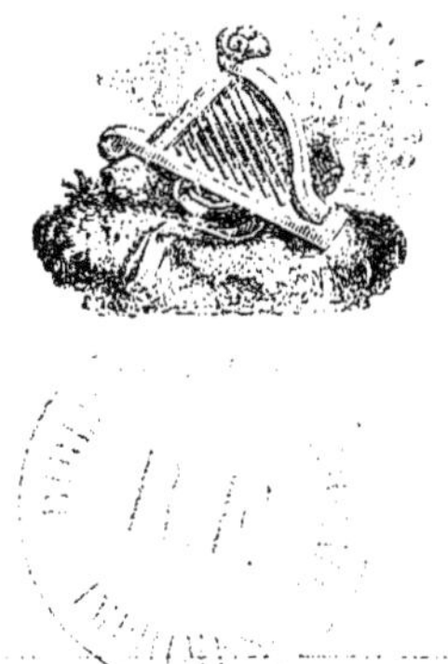

BEAUVAIS, TYPOGRAPHIE D. PERE, RUE SAINT-JEAN.

www.ingramcontent.com/pod-product-compliance
Ingram Content Group UK Ltd.
Pitfield, Milton Keynes, MK11 3LW, UK
UKHW020515180726
13839UKWH00005B/2107